BEI GRIN MACHT SICH IHR WISSEN BEZAHLT

- Wir veröffentlichen Ihre Hausarbeit,
  Bachelor- und Masterarbeit

- Ihr eigenes eBook und Buch -
  weltweit in allen wichtigen Shops

- Verdienen Sie an jedem Verkauf

Jetzt bei www.GRIN.com hochladen
und kostenlos publizieren

Business Case for Sustainability am Beispiel Ecosia

Josef Lauer

Bibliografische Information der Deutschen Nationalbibliothek:

Die Deutsche Nationalbibliothek verzeichnet diese Publikation in der Deutschen Nationalbibliografie; detaillierte bibliografische Daten sind im Internet über http://dnb.d-nb.de abrufbar.

ISBN: 9783346632326
Dieses Buch ist auch als E-Book erhältlich.

© GRIN Publishing GmbH
Nymphenburger Straße 86
80636 München

Druck und Bindung: Books on Demand GmbH, Norderstedt Germany
Gedruckt auf säurefreiem Papier aus verantwortungsvollen Quellen

Das vorliegende Werk wurde sorgfältig erarbeitet. Dennoch übernehmen Autoren und Verlag für die Richtigkeit von Angaben, Hinweisen, Links und Ratschlägen sowie eventuelle Druckfehler keine Haftung.

Das Buch bei GRIN: https://www.grin.com/document/1190027

Einsendeaufgabe zu Modul 2

Marktorientiertes Nachhaltigkeitsmanagement

Version: 2021

Datum der Bearbeitung: 22.11.2021

Interdisziplinäres Fernstudium Umweltwissenschaften /

FernUniversität in Hagen

Josef Lauer

Inhaltsverzeichnis

Abbildungsverzeichnis

1   Business Case for Sustainability

1.1   Ecosia – Die Suchmaschine, die Bäume pflanzt

In einem Interview im Jahre 2018 sagte Ecosia-Gründer Christian Knoll: „Wir haben Ecosia mit dem Ziel gegründet, eine grünere und bessere Welt für alle zu schaffen" (Köhn-Haskins und Thomas 2018). Ecosia, dass 2009 gegründet wurde, bietet, ähnlich wie Google, eine Internet-Suchmaschine an, wobei Ecosia eigentlich keine echte Suchmaschine, sondern nur eine Suchmaske ist. Ecosia arbeitet mit Microsoft zusammen und nutzt deren Suchmaschine. Der Suchalgorithmus und die so generierten Ergebnisse beruhen auf Bing, der Suchmaschine von Microsoft. Neben den Suchergebnissen generiert Bing auch passende Werbeanzeigen, die ebenfalls an Ecosia weitergeleitet werden. Durch diese Werbeanzeigen generieren Suchmaschinenanbieter wie Google oder Bing ihre Einnahmen. Ecosia zahlt Bing für jede Suchanfrage einen Betrag und wird von Bing im Gegenzug an den Werbeeinnahmen beteiligt. Im Gegensatz zu den „wirklichen" Suchmaschinenanbietern, wie Google oder Bing, spendet Ecosia 80 % seiner Gewinne an weltweite Aufforstungsprojekte (Nicolas 2021).

Der innovative Ansatz bei Ecosia ist, dass man durch die Nutzung der Ecosia-Suchmaschine Bäume pflanzt, wenn man auf eine Werbeanzeige klickt. Im Gegensatz zu den konventionellen Suchmaschinen erhält man somit einen zusätzlichen Nutzen. Bei der Eingabe eines Suchbegriffs erhält man nicht nur das Suchergebnis, sondern auch die Möglichkeit mit einem Klick, einen Beitrag zu weltweiten Aufforstungsprojekten zu leisten.

Innovationen können mit einer inkrementellen oder disruptiven Vorgehensweise eingeführt werden. Bei der inkrementellen Innovation wird die Leistung des Produktes oder Services schrittweise an zusätzliche Ansprüche der Kunden angepasst (Schaltegger und Petersen 2020, S. 24 ff.). Disruptive Innovationen haben, laut Christensen, ihren Ursprung im „low-end" oder „new-market", also im Niedrig-Preis-Sektor oder in der Schaffung eines neuen Absatzmarktes. Diese zwei Bereiche werden von etablierten Unternehmen gerne übersehen und von disruptiven Innovationen für den Markteintritt genutzt (Christensen et al. 2015, S. 47). Die Suchmaske von Ecosia hat eher einen inkrementellen Charakter, da sie weder einen neuen Markt eröffnet, noch Kunden aus dem Niedrig-Preis-Bereich durch die Innovation anlockt.

1.2 Ökonomisches Potenzial und Beitrag der Innovation zur Lösung ökologischer und sozialer Probleme

1.2.1 Ökonomisches Potenzial

Das Geschäftsmodell von Google oder Bing setzt sich von den Geschäftsmodellen der „Old Economy" deutlich ab. Die Grenzkosten von Unternehmen aus der Digitalbranche laufen gegen Null. „Während bei Industriegütern die Grenzkosten erst bei großen Produktionsmengen und langsam sinken, ermöglichen es digitale *Null-Grenzkosten-Produkte* bereits bei geringeren Ausbringungsmengen, die Gewinnschwelle zu erreichen – und das bei einer nahezu unendlichen Skalierbarkeit" (Frank et al. 2019, S. 49).

Ecosia hat mit ihrer Suchmaske in den letzten fünf Jahren Werbeinnahmen von 61,8 Millionen Euro erwirtschaftet. In den letzten fünf Jahren betrug die Steigerung der Einnahmen 1476 %, was einem durchschnittlichen jährlichen Zuwachs von 96 % entspricht. Ecosia hat sich dazu verpflichtet, 80 % der Gewinne in Aufforstungsprojekte zu investieren. Seit 2015 wurden 29,3 Millionen Euro dafür verwendet, Bäume zu pflanzen bzw. die Bedingungen vor Ort dafür zu verbessern (ecosia 2021; Anhang 1). In folgender Abbildung sind die Werbeinnahmen, sowie die Ausgaben für Bäume im Zeitraum 2015 bis 2020 dargestellt.

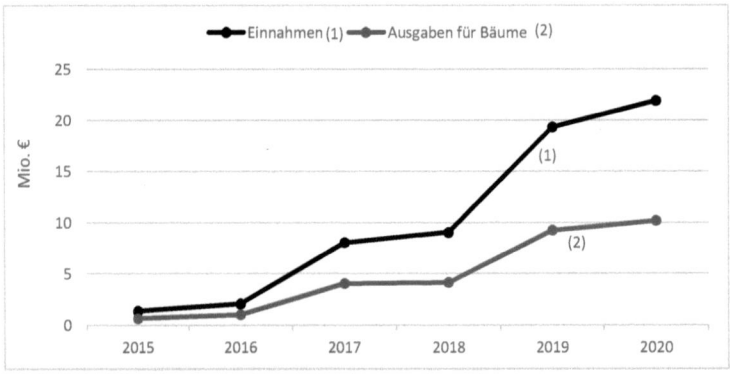

Abb. 1: Ecosias Einnahmen und Ausgaben für Bäume, im Zeitraum 2015 bis 2020. Eigene Darstellung anhand der Finanzberichte von Ecosia (Ecosia 2021; Anhang 1).

Mit einem Marktanteil in Deutschland von 1,0 % ist Ecosia noch ein kleiner Fisch im Vergleich zu Google mit 91,6 %, belegt damit aber immerhin Platz 3, hinter Bing mit 4,6 % (statcounter 2021). Betrachtet man die Werbeinnahmen von Google im Jahr 2019 von

134,8 Milliarden US-Dollar, bekommt man einen Eindruck über das ökonomische Potenzial einer global erfolgreichen Suchmaschine (intenseo 2021). Mit wachsender Bekanntheit von Ecosia ist ein weiterer Zuwachs der Einnahmen, wie in Abbildung 1 ersichtlich, auch weiterhin denkbar und wahrscheinlich.

1.2.2 Ökologischer Beitrag

Ecosia sieht sich nicht nur als Anbieter einer Suchmaschine bzw. Suchmaske, sondern als globale Bewegung die seit 2009 weltweit mehr als 100 Millionen Bäume gepflanzt hat. Ganz im Sinne von Carl von Carlowitz, dem oft zitierten Erfinder des Nachhaltigkeitsprinzips, soll eine Wiederaufforstung stattfinden. Jedoch nicht vorrangig um den Holznachschub zu sichern, sondern um CO_2 zu sequestrieren und die Humusbildung ausgelaugter und vertrockneter Böden zu begünstigen. Durch die gepflanzten Bäume werden laut Ecosia täglich 1771 Tonnen CO_2 neutralisiert, wodurch ein Beitrag zur Bekämpfung der Klimakrise geleistet wird (Joshi 2020). Für die Kalkulation des absorbierten CO_2 nutzt Ecosia das Rechenmodel von Win Rock, mit dem der Ort und die Aufforstungstechnik berücksichtigt werden (Ecosia 2020). Die gepflanzten Bäume sind auch Lebensraum für bedrohte Tierarten, sie sorgen für gesunde Flüsse, mehr Artenvielfalt und fruchtbare Böden. Neben den Aufforstungsprojekten leistet Ecosia auch einen ökologischen Beitrag, indem es mithilfe von eigens betriebenen Solaranlagen doppelt so viel erneuerbare Energie produziert, wie für die Suchanfragen benötigt wird. Der überschüssige Strom wird in das Stromnetz eingespeist (Joshi 2020).

1.2.3 Sozialer Beitrag

Die gepflanzten Bäume leisten nicht nur einen ökologischen Beitrag, sondern können der lokalen Bevölkerung auch Früchte, Nüsse und Öle, ertragreichere und gesündere Farmen und höhere Einkommen bieten. Durch die Initiativen von Ecosia können mehr Kinder die Schule besuchen und der Bevölkerung vor Ort kommt eine bessere medizinische Versorgung zugute (Joshi 2020). 2014 erlangte Ecosia den Status eines Social Business und erhielt die Zertifizierung als „B-Corp" Unternehmen (Trudie 2019). „Zertifizierte B Corporations sind Unternehmen, die die höchsten Standards in Bezug auf verifizierte soziale und ökologische Leistung, öffentliche Transparenz und rechtliche Verantwortlichkeit erfüllen, um Gewinn und Zweck in Einklang zu bringen." (BCorps 2021).

1.3 Risiken der Innovation

Risiken können als Möglichkeiten der Zielabweichung definiert werden (vgl. Schaltegger und Petersen 2020a, S. 5). In einem üblichen produzierenden Unternehmen entstehen in beinahe allen Unternehmensbereichen sozial und ökologisch induzierte Unternehmensrisiken. Die wesentlichen Risikoquellen liegen dabei in der Beschaffung, den Produkten selbst, sowie in der Nutzung und Entsorgung der Produkte. Diese Risiken können durch eine Stoffstromanalyse und einen anschließenden Produktlebenszyklus erfasst werden und zur Minimierung der Risiken herangezogen werden (Petersen und Schaltegger 2020a, S. 16). In der Digitalbranche sind Daten das Produkt. Für die Bereitstellung der Daten, zum Beispiel in Form einer Information, eines Links oder eines Videos, wird Energie benötigt. Deshalb liegt in der Digitalbranche vor allem in der Bereitstellung der benötigten Energie die größte Möglichkeit zur Zielabweichung von einem Business Case for Sustainability.

1.3.1 Ökologische Risiken

Schon heute ist die Digitalbranche für rund vier Prozent der weltweiten Emissionen verantwortlich. Der Umfang des Internets, beziehungsweise der Daten, soll sich alle zwei Jahre verdoppeln. Mit einem weiteren Zuwachs des Energieverbrauchs und der damit verbundenen Emissionen, ist zu rechnen (Witsch 2020). Laut dem Physiker Alex Wissner-Gros, erzeugt man mit einer durchschnittlichen Google Suchanfrage sieben Gramm CO_2 (BBC 2009). Im Falle von Ecosia besteht das Risiko, bzw. die Möglichkeit zur Zielabweichung dadurch, dass man durch die Suchanfrage mehr CO_2 produziert, als man anschließend durch das Pflanzen der Bäume binden kann. Auch durch falsche Aufforstungstechniken können ökologische Risiken entstehen. So kann es zum Beispiel durch die falsche Auswahl der Bäume, langfristig zum Austrocknen von Flüssen und Feuchtgebieten kommen, wenn die Bäume mehr Wasser benötigen als einheimische Pflanzen (Carbon connect 2021).

1.3.2 Soziale Risiken

Ecosia stellt keine Produkte her und verfügt somit über keine Produktionsstätten, an denen es zu typischen sozialen Risiken wie Kinderarbeit, mangelnde Arbeitsschutzvorkehrungen oder sozialer Benachteiligung kommen könnte. An der Arbeitsstätte in Berlin ist davon auszugehen, dass die Beschäftigten unter guten Bedingungen angestellt sind und ihre Arbeit am Computer erledigen können. Unter sozialen Risiken im Business Case Ecosia kann aber auch verstanden werden, wie vertrauenswürdig das Unternehmen mit den gespeicherten Daten der Nutzer umgeht.

Google steht seit Jahren in der Kritik unverhältnismäßig viele Daten der Nutzer zu sammeln, sowie diese Daten in einem persönlichen Profil zu bündeln und an Drittanbieter zu verkaufen (Datenschutz.org 2021).

1.3.3 Ökonomische Risiken

Die Suchmaske von Ecosia verwendet den Suchalgorithmus der Microsoft-Suchmaschine Bing. Durch diese Kooperation hat sich Ecosia die aufwändige und kostenintensive Entwicklung einer eigenen Suchmaschine gespart. Die Dienstleistung von Ecosia ist dadurch aber zu 100 % von Microsoft abhängig. Dies birgt wohl das größte ökonomische Risiko für Ecosia. Der Gründer von Ecosia Christian Kroll sieht in der Partnerschaft mit Microsoft auch ein „fundamentales Risiko", ist sich aber sicher, dass Microsoft durch die Zusammenarbeit mit Ecosia einen größeren strategischen Gewinn erhält, als Geld durch einen weiteren Marktteilnehmer verloren geht (Köhn-Haskins und Thomas 2018, S. 52). Auch andere Experten sehen die Partnerschaft als wirtschaftlich sinnvoll für Microsoft, da die Suchmaschine Bing nur einen geringen Anteil des Suchmarktes hält und man davon ausgehen kann, dass Ecosia seine Nutzer eher von Google abwirbt als von Bing (Holzki 2021).

1.4 Marktpotential und Vorteile der Innovation

Ecosia ist seit 2009 auf dem Markt und ist momentan hinter Google und Bing die drittbeliebteste Suchmaschine in Deutschland (statcounter 2021). Europa- und weltweit gibt es noch zahlreiche weitere Marktteilnehmer. Folgende Abbildung zeigt die Marktanteile einiger ausgewählter Suchmaschinenanbieter in verschiedenen Regionen für das Jahr 2020:

	Google	Bing	Yandex	Yahoo!	DuckDuckGo	Ecosia	Rest
Online seit	1998	2009	1997	1995	2008	2009	
Deutschland	93,04 %	4,15%	0,09 %	0,61 %	0,69 %	0,78 %	0,64 %
Europa	93,41 %	2,94 %	1,54 %	0,86 %	0,45 %	0,34 %	0,46 %
Weltweit	92,08 %	2,70 %	0,60 %	1,63 %	0,63 %	0,13 %	2,23 %

Abb. 2: Markteintritt und Marktanteil der einzelnen Suchmaschinenanbieter in Deutschland, Europa und weltweit für das Jahr 2020. Eigene Darstellung auf Grundlage von Statcounter Daten.
(Statcounter 2021, 2021a, 2021b und wikipedia 2021).

Die generierten Sucherergebnisse und Werbeanzeigen für den Suchmaschinenmarkt in Deutschland werden von 3 Unternehmen angeboten. Diese 3 Unternehmen, Google, Bing und Yandex verfügen über eigene Webcrawler und einen eigenen Index, mit dem eine Internetsuche überhaupt erst möglich ist und zu sinnvollen und schnellen Ergebnissen führt. Folgende Abbildung zeigt dabei die Verflechtungen der einzelnen Suchmaschinen.

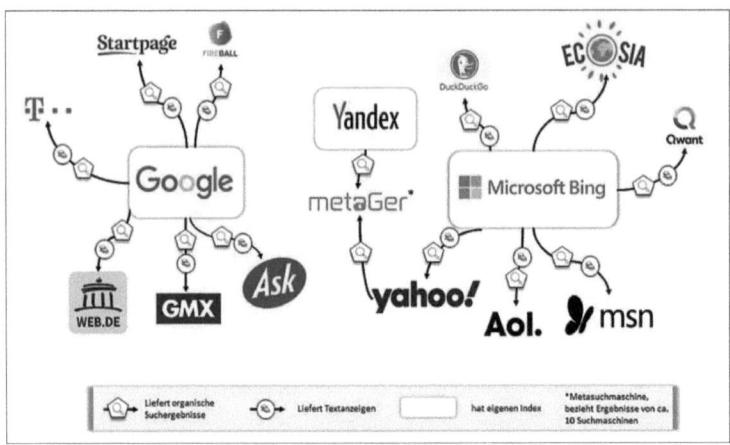

Abb. 3: Das Beziehungsgeflecht der Suchmaschinen in Deutschland. (Lewandowski 2021, S. 197)

Die Beziehungen zwischen Suchmaschinenanbietern und den Partnern beruht auf dem Partnerindex-Modell. Das Modell beruht darauf, dass die „echten" Suchmaschinenanbieter wie Google oder Bing, ihren Partnern für das Ausliefern von Suchergebnissen Kosten in Rechnung stellen und die Partner im Gegenzug an den Werbeeinnahmen beteiligt werden. Das Modell ist für beide Seiten attraktiv, da es auf Seiten des Suchmaschinenanbieters nur zu geringen Kosten für die Auslieferung der Daten kommt und sich der Partner die immensen Kosten für den Betrieb einer Suchmaschine sparen kann (Lewandowski 2021, S. 195).

Innovationen, wie Ecosia, können auf verschiedenen Wegen entstehen. Zur Erzeugung von Nachhaltigkeitsinnovationen können dabei folgende Prinzipien herangezogen werden (Schaltegger und Petersen 2020, S. 21 ff.):

- *Steigerung* (z.B. durch größere und leistungsstärkere Windräder)
- *Kombination* (z.B. zusätzliche „Energiespartaste" der Waschmaschine)
- *Vereinfachung* (z.B. Weglassen von unnötigen Umverpackungen)

- *Substitution* (z.B. durch Ersatz von Braunkohlestrom durch Solarenergie)
- *Transfer* (z.B. Angebot von Biobaumwolle im Discounter)
- *Trendumkehr* (z.B. Nostalgische Produkte anstelle von High-Tech-Produkten)

Im Sinne der oben aufgezählten Prinzipien nach Schaltegger und Petersen, hat Ecosia eine Nachhaltigkeitsinnovation durch Kombination erschaffen. Ecosia hat ein bestehendes Produkt, die Suchmaschine, um einen ökologischen Zusatznutzen, das Pflanzen von Bäumen, ergänzt, ohne die Grundfunktion der Suchmaschine zu verändern. Mit dieser Zusatzfunktion hat Ecosia ein Alleinstellungsmerkmal im Vergleich zu den relevanten Anbietern aus Abbildung 2 und 3. Google und Bing legen Nutzerprofile an, um die Suchergebnisse nach ihren Maßregeln zu verbessern und zu personalisieren. Diese Funktion ist bei Ecosia, sowie bei anderen Suchportalen wie Startpage und Metager nicht gegeben und ist ein weiteres Unterscheidungsmerkmal zu den großen Suchmaschinenanbietern. Diese Unterschiede zu den konventionellen Suchmaschinenanbieter haben das Potenzial neue Nutzer anzuziehen (Lewandowski 2021, S. 237).

„Mit jeder Eingabe einer Suchanfrage offenbaren wir unsere Interessen, und mit jeder Suchergebnisseite, die uns eine Suchmaschine zurückgibt, findet eine (technisch vermittelte) Interpretation sowohl der Suchanfrage als auch der Menge der gefundenen und potenziell relevanten Ergebnisse statt. Dadurch, dass eine Suchmaschine diese Interpretationen auf eine bestimmte Weise durchführt, vermittelt sie ein bestimmtes Bild der Informationswelt des World Wide Web" (Lewandowski 2021, S. 2). Ecosia hat 2019 damit begonnen für manche Suchergebnisse zusätzliche Symbole anzuzeigen. Es gibt ein „grünes Blatt" Symbol für umweltfreundliche Organisationen und ein „Kohlekraftwerk" für Unternehmen die in den Kohleabbau investieren. Damit will Ecosia den Nutzern helfen „bessere" Entscheidungen zu treffen. Weder werden die Suchergebnisse dadurch beeinflusst, noch gibt es finanzielle Vorteile für Ecosia durch die Vergabe des grünen Blattes. Die zusätzlichen Symbole sollen den Nutzern lediglich dabei helfen, „intelligentere und nachhaltigere" Entscheidungen zu treffen (Joshi 2019). Durch diese Symbole bietet Ecosia seinen Nutzern eine weitere Zusatzfunktion und grenzt sich von anderen Suchanbietern ab. Der Einsatz dieser Symbole ist eine Form des *Nudging*, bei dem, Individuen absichtsvoll geführt werden ohne ihnen die Wahlfreiheit zu verwehren. Nudging ist ein Ansatz, der aus der Verhaltensökonomie und Psychologie stammt und vor allem in der Politik eingesetzt wird, um Verhaltensänderungen herbeizuführen. (John et al. 2009, Lehner et al. 2016, Piasecki 2017).

1.5 Fazit zum Ecosia - Business Case for Sustainability

„Ein Business Case for Sustainability schafft den ökonomischen Erfolg gezielt und bewertbar durch eine wirksame Verbesserung der Umwelt- und Sozialleistung (und nicht trotz oder parallel zu einer Verbesserung)" (Petersen und Schaltegger 2020, S. 3).

Ecosia hat sich dem Ziel verschrieben, durch die Einnahmen aus ihrer Suchmaske eine nachhaltigere Welt zu schaffen, indem Bäume gepflanzt werden und die lokalen Gemeinschaften an den Standorten der Baumpflanzprojekte gestärkt werden. Für diesen Zweck hat sich Ecosia dazu verpflichtet 80 % ihres Gewinns für Baumpflanzprojekte zu spenden. Den ökologischen Risiken durch die energiebezogenen Emissionen stellt sich Ecosia durch den Betrieb eigener Solaranlagen und schafft so eine CO_2-negative Suchmaschine. Mit jeder Ecosia Suchanfrage wird der Luft 1 kg CO_2 entzogen (Ecosia 2021b). Ecosia unterstützt mehr als 20 Baumpflanzprojekte in 15 verschiedenen Ländern. Die Bäume werden vor allem in Biodiversitäts-Hotspots gepflanzt, um der weiteren Zerstörung Einhalt zu gebieten. In Gegenden die den Bauern und der Gemeinschaft einen Mehrwert bieten, wird Erosion verhindert, die Wiederherstellung des Wassersystems initiiert und neue Einnahmequellen für die Bauern erschlossen. Durch die sorgfältige Auswahl der richtigen Gebiete, Bäume, Praktiken und die Einbindung der lokalen Bevölkerung, will Ecosia sicherstellen, dass die Bäume einen langfristigen Effekt auf die ökologische und soziale Verbesserung der Umwelt haben (Ecosia 2021c).

Die Kernbotschaften von Ecosia für die Nutzer, beinhalten Transparenz, CO_2-Neutralität und Datenschutz, wie in folgender Abbildung dargestellt.

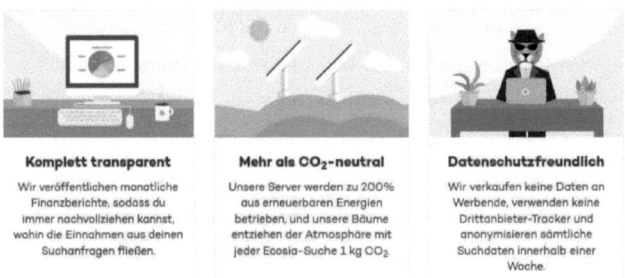

Komplett transparent
Wir veröffentlichen monatliche Finanzberichte, sodass du immer nachvollziehen kannst, wohin die Einnahmen aus deinen Suchanfragen fließen.

Mehr als CO_2-neutral
Unsere Server werden zu 200% aus erneuerbaren Energien betrieben, und unsere Bäume entziehen der Atmosphäre mit jeder Ecosia-Suche 1 kg CO_2.

Datenschutzfreundlich
Wir verkaufen keine Daten an Werbende, verwenden keine Drittanbieter-Tracker und anonymisieren sämtliche Suchdaten innerhalb einer Woche.

Abb. 4: Die drei Säulen von Ecosia für ein „besseres Internet" (Ecosia 2021d).

2018 haben die Eigentümer von Ecosia, Christian Kroll und Tim Schumacher, das Unternehmen in Verantwortungseigentum umgewandelt. Das heißt, dass sie 99 Prozent des Kapitals und 1 Prozent der Stimmrechte an die Schweizer Purpose Stiftung überschrieben haben. Somit ist Ecosia unverkäuflich und soll für alle Zeiten dem guten Zweck verpflichtet bleiben (Kuth 2019, S. 22). Zu dieser Entscheidung sagte Christian Kroll: „Ecosia ist auf dem Weg, die größte Umweltbewegung der Welt zu werden. Wir glauben, dass eine Bewegung nicht einer einzelnen Person gehören sollte. Deswegen ist Verantwortungseigentum die perfekte Lösung für uns. Die Eigentümerstruktur schützt unsere Mission und erlaubt unternehmerischen Freiraum" (Purpose 2021). Mit der Umwandlung der Ecosia-Unternehmensform in Verantwortungseigentum haben die Inhaber nicht nur eine weitere Nachhaltigkeitsinnovation in das Unternehmen gebracht, sondern sichern das Unternehmen für alle Zeiten als Business Case for Sustainability ab.

Durch den Einsatz der *Nudging*-Symbole eines Kraftwerks bzw. eines Blattes, *stupst* Ecosia seine Nutzer an, um eine bessere Entscheidung für den Klimaschutz treffen zu können. Diese zusätzliche Entscheidungshilfe bei der Auswahl der Suchergebnisse, verstärkt Ecosias Absicht einen klimapositiven Einfluss auf die Gesellschaft zu nehmen und bekräftigt den Ansatz des Business Case for Sustainability.

2 Aktivitäten zur Vermarktung der Innovation

2.1 Ecosia Marketing Mix

Zur Positionierung eines Produktes, greift das Marketing auf verschiedene Instrumente zurück, die in ihrer Gesamtheit als Marketing-Mix bezeichnet werden (Petersen und Schaltegger 2020b, S. 41). Der Marketingmix eines Unternehmens kann in die *4Ps*, *Product, Price, Place* und *Promotion* unterteilt werden, die McCarthy 1960 als Marketing Instrumente publizierte (McCarthy 1960). Die 4Ps von McCarthy sind sehr auf den Markt bezogen und so gab es in der Zwischenzeit auch Abwandlungen dieser Instrumente, die den Marketing-Mix eher am Kunden ausrichten. Der *4C* Ansatz von Lauterbach orientiert sich näher am Verbraucher und kategorisiert den Marketing-Mix in *Costumer, Costs, Convenience* und *Communication* (Lauterborn 1990). Darüber hinaus existieren noch weitere Ansätze, wie zum Beispiel das 4R-Modell, das ebenfalls die Kundenbedürfnisse in den Vordergrund stellt und die digitale Transformation im Marketing berücksichtigt. Das 4R-Modell setzt auf den aktiven Austausch mit den Kunden, der durch neue digitale Technologien zielgerichteter möglich ist, als noch im letzten Jahrhundert. Die 4Rs basieren auf der *richtigen* Information, zur *richtigen* Zeit, in der *richtigen* Qualität, im *richtigen* Kanal (Süthoff 2019, S. 92 – 93). Eine Übersicht der verschiedenen Ansätze zum Marketing-Mix bietet folgende Darstellung:

4P-Modell	4C-Modell	4R-Modell
Product (Produkt)	Customer (Kunde)	Zur richtigen Zeit
Price (Preis)	Costs (Kosten)	Die richtige Information
Place (Handelskanal)	Convenience (Bequemlichkeit)	In der richtigen Qualität
Promotion (Verkaufsförderung)	Communication (Kommunikation)	Im richtigen Kanal

Abb. 5: Gegenüberstellung der 4Ps, 4Cs und 4Rs mit der deutschen Übersetzung in Klammern (Eigene Darstellung. In Anlehnung an McCarthy 1960, Lauterborn 1990, Süthoff 2019)

Ecosia ist eine Plattform auf der die Nutzer (Kunden) durch die Ergebnisse zur Suchanfrage eine Information (Produkt) erhalten. Die Leistungserbringung von Ecosia erfolgt für den Kunden kostenlos. Aus Sicht von Ecosia ist die Suchmaschine nur ein Mittel, das dem Zweck dient, Bäume zu pflanzen. Das Ziel von Ecosia ist nicht vorrangig die Verbesserung der Ergebnissuche, sondern so viele Bäume wie möglich zu pflanzen. Aus Kundensicht sind die Wiederaufforstungsprojekte ein wesentlicher Grund, die Ecosia Suchmaske zu verwenden. Dabei sind die Aufforstungsprojekte kein Emissionsausgleich, um zu einem „klimaneutralen" Produkt zu gelangen, sondern zentrales Ziel der Wertschöpfung im Unternehmen. Somit können die Aufforstungsprojekte von Ecosia auch nicht als Marketing-Instrument verstanden werden, um mehr Suchanfragen und dadurch mehr Gewinne zu erzielen. Denn je mehr Gewinne erwirtschaftet werden, desto mehr Bäume werden gepflanzt. In diesem Kontext können die Aufforstungsprojekte selbst, auch als Produkt des Unternehmens Ecosia verstanden werden, da sie einen Mehrwert für den Kunden generieren und der Großteil der Unternehmensgewinne in diese Projekte fließt.

Da die Dienste für die Ecosia-Kunden kostenlos sind und der Faktor *Price* beziehungsweise *Costs* wegfällt, kann das Marketing von Ecosia mit einem kombinierten 4C & 4P-Modell, bzw. 3C & 3P-Modell, in folgenden Kategorien untersucht werden:

Kategorie	Kernfragen
Customer Solution & Product	Welche Wünsche und Probleme des Kunden schaffen den Bedarf für eine attraktive Leistung? Welche Eigenschaften soll das Produkt haben, um als attraktiv wahrgenommen zu werden?
Convenience & Place	Wie kann der Kunde möglichst zeitnah, bequem und hürdenlos über die gewünschte Leistung verfügen? Über welche Handelskanäle soll das Produkt dem Kunden angeboten und übertragen werden?
Communication & Promotion	Wie erhält der Kunde treffende und glaubwürdige Antworten auf seine Fragen und Dialogwünsche? Wie kann der Kunde durch Werbung, Verkaufsförderung und Öffentlichkeitsarbeit zum Erwerb des Produkts animiert werden?

Abb. 6: Kategorien und Kernfragen der übrigen Cs & Ps (In Anlehnung an Petersen und Schaltegger 2020b, S. 41)

Customer Solution & Product

Viele Menschen wollen einen Beitrag zur Reduktion von klimaschädlichen Treibhausgasen leisten. Diesen Beitrag wollen die Meisten aber nicht durch den Verzicht auf ihre gewohnten Konsumgüter leisten, sondern durch den smarten Einsatz von neuer Technologie oder die Schaffung von innovativen Kombinationen. Genau hier setzt Ecosia an und bietet den Verbrauchern mit ihrer Suchmaske die Möglichkeit einen Beitrag zum Klimaschutz zu leisten, ohne auf etwas verzichten zu müssen. Die Glaubwürdigkeit des Produktes Ecosia hat hier einen hohen Stellenwert für die Nutzer. Um als glaubwürdiges Unternehmen verstanden zu werden, hat Ecosia 4 Punkte herausgearbeitet, die für die Nutzung von Ecosia sprechen. Folgende Abbildung zeigt die Argumente für die Nutzung von Ecosia auf der Hauptseite www.ecosia.org:

Abb. 7: Argumente für Ecosia: 1. Ecosia ist ein Non-Profit-Unternehmen. 2. Ecosia verwendet ausschließlich erneuerbare Energie. 3. Datenschutz hat oberste Priorität. 4. Transparenz in allen Handlungen (ecosia 2021d)

Convenience & Place

Über die Seite https://ecosia.zendesk.com gelangt man zum Wissensportal von Ecosia und erhält Antworten auf Frequently Asked Questions (FAQs). Unter anderem sind dort Installationsanleitungen enthalten, um Ecosia als Standardsuchmaschine festzulegen (Ecosia zendesk 2021). Darüber hinaus ist Ecosia im Google Play Store und im App Store von Apple vertreten und kann somit auf mobilen Geräten mit diesen Betriebssystemen genutzt werden. Die Suchmaske von Ecosia kann mit allen gängigen Internetbrowsern, mobilen Geräten wie Smartphones, sowie Laptops genutzt werden. Somit kann der Kunde bequem und hürdenlos über verschiedene Zugangsmöglichkeiten die Ecosia Suchmaske nutzen.

Das Marketing von Ecosia fokussiert sich vor allem, auf den Auftritt in den verschiedenen Online-Kanälen. Auf der Hauptseite von Ecosia, www.ecosia.org, sind Informationen über die Baumpflanzaktionen, der monatliche Finanzbericht und Argumente für Ecosia abgebildet. Über die Hauptseite gelangt man auf verschiedene Unterkategorien wie zum Beispiel den EcosiaBlog, auf dem viele Einzelberichte über die Baumpflanzaktionen zu finden sind. Neben den zahlreichen Einträgen auf den Ecosia Seiten, ist Ecosia auch auf den gängigen Social-Media-Kanälen mit Auftritten vertreten:

Abb. 8: Genutzte Social Media Kanäle für das Marketing von Ecosia. Von links nach rechts: Twitter, Facebook, Instagram, Linkedin, YouTube (Ecosia 2021d)

Die offensichtlichste Kommunikation über den persönlichen Beitrag der Nutzer, sowie die gesamten Erfolge von Ecosia, sind auf der Startseite von Ecosia mit dem Ecosia Baumzähler und dem persönlichen Baumzähler in der rechten Ecke ersichtlich. Diese zwei Zähler zeigen den Nutzern immer die aktuelle Anzahl der Bäume, die von Ecosia gepflanzt wurde und die Anzahl an Bäumen, die durch die persönlichen Suchen gepflanzt wurden.

Abb. 9: Ecosia Baumzähler (links) und persönlicher Baumzähler (rechts) (Ecosia 2021d).

2.2 Beurteilung des Ecosia Marketing-Mix

Ecosia ist nicht nur eine Plattform für die Nutzer, um auf eine eingegebene Suche, Suchergebnisse zu erhalten, sondern auch eine Plattform für Werbetreibende ihre potentiellen Kunden anzusprechen. Um als Werbeplattform attraktiv zu sein, muss Ecosia viele Nutzer ansprechen, um dadurch einen großen Kundenkreis zu generieren. Hinsichtlich der potentiellen Werbemöglichkeiten, ist Ecosia mit einem Fernsehsender vergleichbar. Der Dienst des Fernsehsenders ist die Bereitstellung eines Unterhaltungsprogrammes, Einnahmen erzielen die privaten Fernsehsender jedoch über die eingespielten Werbesendungen. Die Kunden von Ecosia sind die Nutzer, die eine Suchanfrage starten und durch das Anklicken einer Werbeanzeige, indirekt Einnahmen erzeugen. Die wirklichen Zahlungen an Ecosia werden durch Microsoft geleistet, dass wiederum Zahlungen von Werbetreibenden erhält. Unternehmen, die Werbung auf Ecosia platzieren wollen, müssen das über die Microsoft Bing Plattform tätigen, wodurch ihre Werbung im Suchpartnernetzwerk von Microsoft und Yahoo platziert wird (Ecosia 2021e). Ecosia hat wenig Einfluss auf den Erfolg und die Verbesserung der Suchergebnisse und somit auch wenig Möglichkeiten die Werbetreibenden durch die Qualität des Produktes Suchmaschine anzuwerben. Durch den ökologischen Mehrwert der Ecosia-Suchmaske wird ein bestimmter Nutzerkreis angesprochen, der direkt über die Ecosia-Suche angeworben werden könnte. Durch die Vergrößerung des Nutzerkreises kann Ecosia potenziell mehr Einnahmen generieren. Somit sind die potenziellen Nutzer mit gezieltem Marketing von Ecosia zu überzeugen, um die Werbeeinnahmen zu erhöhen und dadurch mehr Bäume pflanzen zu können. Die Beurteilung des Ecosia Marketing Mix erfolgt im Folgenden auf den Einteilungen aus Kapitel 2.1.

Customer Solution & Product

Bestehende und zukünftige Nutzer von Ecosia zu überzeugen ist die Hauptaufgabe des Ecosia Marketings. Da der Hauptgrund für die Nutzung von Ecosia, die Unterstützung der Aufforstungsprojekte ist, ist davon auszugehen, dass alle Nutzer von Ecosia ein Interesse an einer nachhaltigen Entwicklung der Welt haben und deshalb Produkte und Projekte unterstützen, die in diese Richtung zielen. Diese Kundengruppe wird immer größer und auch für Anbieter von kommerziellen Produkten immer interessanter. Durch die Konzentration der Ecosia Nutzer in dieser Konsumentengruppe, wird Ecosia dadurch auch für werbetreibende Unternehmen interessant, die gezielt diesen Kundenkreis ansprechen wollen. Dabei spielt die Glaubwürdigkeit des Unternehmens eine wichtige Rolle. „Soll Nachhaltigkeit zur Positionierung eines Angebots beitragen, ist die Glaubwürdigkeit sozialer und ökologischer Verbesserungen essenziell" (Petersen und Schaltegger 2020b, S. 74). Um seine Glaubwürdigkeit unter Beweis zu stellen, hat sich Ecosia als erstes Unternehmen in Deutschland als Benefit Corporation, kurz B Corp, zertifizieren lassen. Die B Corp Zertifizierung spiegelt den gesellschaftlichen Mehrwert und die ökologische Nachhaltigkeit des Unternehmens wider. Die Beurteilung erfolgt durch die unabhängige Non-Profit-Organisation B Lab, die die zertifizierten Unternehmen im jährlichen Turnus überprüft. Zu dieser Zertifizierung erhält man das B Corp Label, mit dem Ecosia auch auf seiner Webseite, wirbt.

Abb. 10: Label der B Lab Organisation für zertifizierte Benefit Corporations (Ecosia 2021d)

Durch die Überschreibung des Unternehmens an die Purpose Stiftung ist für immer sichergestellt, dass Ecosia nicht gewinnbringend verkauft werden kann und dem Zweck des Umweltschutzes dienen wird. Diese drastische Maßnahme der Eigentümer von Ecosia, stellt die Glaubwürdigkeit des Unternehmens unter Beweis und setzt ein starkes Zeichen in der Kommunikation der Unternehmensziele. Diese zwei starken Argumente für die Glaubwürdigkeit von Ecosia sind nur am Rande ersichtlich und nicht in die 4 Argumente für die Nutzung von Ecosia integriert (siehe Abbildung 7). Als Verbesserung des Marketing-Mix könnten diese zwei Punkte, B Corp Zertifizierung und Ausrichtung als Purpose-Unternehmen, mehr im Vordergrund des Website-Auftritts platziert werden. Zum Beispiel in die Argumente für Ecosia, um die Absichten und die Glaubwürdigkeit von Ecosia noch stärker zu untermauern.

Convenience & Place

Durch die Möglichkeit, Ecosia auf allen gängigen Geräten und Benutzeroberflächen zu betreiben, hat das Unternehmen einen bequemen Zugang zur Nutzung der Dienstleistung geschaffen. Auf der Webseite von Ecosia wird die Nutzung der Ecosia-Suchmaske auf mobilen Geräten durch die Nutzung von Apps beworben und am Ende der Seite angezeigt. Für mobile Geräte sind vor allem der Google Play Store und der Apple App Store von Bedeutung, um Apps runterladen und nutzen zu können.

Abb. 11: Plattformen zum Herunterladen der Ecosia App (Ecosia 2021d)

Ecosia ist eine Internet-Suchmaske und daher sind 100% der Ecosia Nutzer online zu finden. Es liegt somit auch nahe, den Fokus des Marketings auf Online-Plattformen zu legen. Dies liegt auch im Trend, die Ausgaben für Online-Werbung in Europa steigen seit Jahren und haben 2019 erstmalig die Ausgaben für klassische Medien wie TV oder Zeitung überholt, wie folgende Abbildung zeigt.

Abb. 12: Werbeausgaben für digitale Medien im Vergleich zu anderen Medien (Janson 2020)

Nichtsdestotrotz könnte Werbung in Print- und TV-Medien dazu beitragen die Bekanntheit von Ecosia zu steigern und neue Nutzer zu gewinnen. In Printmedien wird dies zum Teil schon gemacht, jedoch nicht mit direkter Bewerbung des Ecosia-Dienstes, sondern mit Interviews der Geschäftsleitung zum Geschäftskonzept von Ecosia und deren Gründungsgeschichte (Köhn-Haskins und Thomas 2018, Kuth 2019). Auch hier äußert sich die Glaubwürdigkeit des Unternehmens darin, gefragt zu sein. Durch das Interesse von Journalisten, Einladungen zu Vorträgen und (virtuelle) Mund-zu-Mund-Propaganda kann Ecosia seine Bekanntheit auch ohne den Einsatz von kommerzieller Werbung erweitern. Dabei wird nicht der Internetsuchdienst in den Vordergrund gestellt, sondern die Aufforstungsprojekte auf der ganzen Welt, die durch die Nutzer indirekt finanziert wurden. Durch dieses Storytelling wird aus Ecosia mehr als nur eine Suchmaschine. Ecosia wird zu einer Institution, die weltweit Gutes tut, indem Sie Bäume pflanzt. Dies wird auf den regelmäßig erscheinenden YouTube Videos zu den Baumpflanz-Updates oder den Berichten auf dem Ecosia Blog zu den einzelnen Projekten und Aktionen ersichtlich und publik gemacht (Ecosia Blog 2021, YouTube 2021). Auf den einzelnen Online-Kanälen wird das Unternehmen Ecosia gut vermarktet und es gibt genug Raum, um sich mit Nutzern,

Followern und Abonnenten auszutauschen. Auch der Ecosia Baumzähler und der persönliche Baumzähler sind gute Kommunikationsmöglichkeiten um die Nutzer zu informieren und zu begeistern. Der Baumzähler auf der Hauptseite von Ecosia (siehe Abb. 9) ist ein gelungener Marketing-Ansatz, um den Nutzern live den Fortschritt der Baumpflanzaktionen aufzuzeigen. Durch den persönlichen Baumzähler (siehe Abb. 9) erhält man ein positives Feedback für die Nutzung der Ecosia-Suchmaske und einen Ansporn, die Zahl weiter in die Höhe zu treiben.

3 Literaturverzeichnis

BBC (2009): 'Carbon cost' of Google revealed. http://news.bbc.co.uk/2/hi/7823387.stm. Aufgerufen am 05.09.2021.

BCorp (2021): About B Corps. https://bcorporation.eu/about-b-corps. Aufgerufen am 03.09.2021.

Carbon connect (2021): Aufforstungsprojekte – alles Hype oder Lösung? https://www.carbon-connect.ch/de/klimalounge/news-detail/255/aufforstungsprojekte-alles-hype-oder-loesung/. Aufgerufen am 11.09.2021.

Christensen et al. (2015): WHAT IS DISRUPTIVE INNOVATION? Harvard Business Review. Dec2015, Vol. 93 Issue 12, p44-53.

Datenschutz.org (2021): Google und der Datenschutz: eine moderne Dauerkontroverse. https://www.datenschutz.org/google-datenschutz/. Aufgerufen am 11.09.2021.

Ecosia (2020): How does Ecosia calculate the CO2 absorbed by its trees? https://ecosia.helpscoutdocs.com/article/277-how-does-ecosia-calculate-the-co2-absorbed-by-its-trees. Aufgerufen am 03.09.2021.

Ecosia (2021): Ecosia Finanzberichte. https://de.blog.ecosia.org/ecosia-finanzberichte-baumplanzbelege/. Aufgerufen am 29.08.2021.

Ecosia (2021a): Was ist Ecosia? – Die Suchmaschine, die Bäume pflanzt. https://info.ecosia.org/what. Aufgerufen am 05.09.2021.

Ecosia (2021b): Wie neutralisiert Ecosia die durch eine Suchanfrage entstandenen CO2 Emissionen? https://ecosia.zendesk.com/hc/de/articles/201531072-Wie-neutralisiert-Ecosia-die-durch-eine-Suchanfrage-entstandenen-CO2-Emissionen-. Aufgerufen am 12.09.2021.

Ecosia (2021c): Wo pflanzt Ecosia Bäume? https://ecosia.zendesk.com/hc/de/articles/115000129525-Wo-pflanzt-Ecosia-B%C3%A4ume-. Aufgerufen am 12.09.2021.

Ecosia (2021d): https://www.ecosia.org/. Aufgerufen am 12.09.2021.

Ecosia (2021e): https://ecosia.zendesk.com/hc/de/articles/360013115453-Wie-kann-mein-Unternehmen-bei-Ecosia-werben-. Aufgerufen am 01.10.2021.

Ecosia zendesk (2021): https://ecosia.zendesk.com/hc/de. Aufgerufen am 24.10.2021.

Ecosia Blog (2021): https://de.blog.ecosia.org/. Aufgerufen am 24.10.2021.

Frank et al. (2019): Der Weg in die Null-Grenzkosten-Ökonomie. In: Cloud-Transformation. Springer Gabler, Wiesbaden.

Holzki (2021): Suchmaschine Ecosia: Bäume bilanzieren statt Gewinne maximieren. https://www.handelsblatt.com/technik/thespark/serie-klimapioniere-suchmaschine-ecosia-baeume-bilanzieren-statt-gewinne-maximieren/27175820.html?ticket=ST-6469-5TVq4uyMMSdt3ZD5ZuME-ap2. Aufgerufen am 05.09.2021.

Intenseo (2021): Zahlen, Daten und Fakten: Statistiken zu Google und Alphabet. https://intenseo.de/seo-blog/statistiken-google/. Aufgerufen am 29.08.2021.

Janson (2020): Werbemarkt: Digital überholt klassisch. Erschienen auf https://de.statista.com/infografik/22619/werbeausgaben-in-europa-nach-medienart/. Aufgerufen am 22.10.2021.

John et al. (2009): Nudge nudge, think think: Two strategies for changing civic behaviour. The Political Quarterly, 80 (3), 361-370.

Joshi (2019): Die grüne Suche – für bessere Entscheidungen. https://de.blog.ecosia.org/grune-suche/. Aufgerufen am 12.09.2021.

Joshi (2020): Ecosia Nutzer*innen haben 100 Millionen Bäume gepflanzt: Meilenstein und Anfang! https://de.blog.ecosia.org/100-millionen/. Aufgerufen am 03.09.2021.

Köhn-Haskins und Thomas (2018): Ecosia-Gründer Christian Kroll ist ein Überzeugungstäter. Berlin Valley, Ausgabe 31, S. 48-58. NKF Media. Berlin

Kuth (2019): Suchmaschine hilft Bäume pflanzen. TASPO BAUMZEITUNG 05/2019. Braunschweig.

Lauterborn (1960): New Marketing Litany: Four Ps Passé: C-Words Take Over. Advertising Age. 61(41), 1990, S. 26.

Lehner et al. (2016): Nudging – a promising tool for sustainable consumption behaviour? Journal of Cleaner Production, 134, 166-177.

Lewandowski (2021): Suchmaschinen verstehen. Springer Vieweg. Berlin.

McCarthy (1960): Basic marketing: a managerial approach. Homewood: Irwin.

Nicolas (2021): Ecosia: Was steckt hinter dem grünen Google-Konkurrenten? https://my-green-choice.de/magazin/ecosia-suchmaschine/#toggle-id-1. Aufgerufen am 27.08.2021.

Petersen und Schaltegger (2020): Modul 02: Marktorientiertes Nachhaltigkeitsmanagement. Kurseinheit 1: Unternehmerische Nachhaltigkeit als Business Case. FernUniversität in Hagen, Hagen & Fraunhofer UMSICHT, Oberhausen.

Petersen und Schaltegger (2020a): Modul 02: Marktorientiertes Nachhaltigkeitsmanagement. Kurseinheit 4: Management ökologisch und sozial induzierter Unternehmensrisiken. FernUniversität in Hagen, Hagen & Fraunhofer UMSICHT, Oberhausen.

Petersen und Schaltegger (2020b): Modul 02: Marktorientiertes Nachhaltigkeitsmanagement. Kurseinheit 3: Nachhaltigkeitsmarketing. FernUniversität in Hagen, Hagen & Fraunhofer UMSICHT, Oberhausen.

Piasecki (2017): "Schubs mich nicht!" – Nudging als politisches Gestaltungsmittel. Bundeszentrale für politische Bildung. https://www.bpb.de/lernen/digitale-bildung/werkstatt/258946/schubs-mich-nicht-nudging-als-politisches-gestaltungsmittel. Aufgerufen am 01.11.2021.

Purpose (2021): Die Suchmaschine, die Bäume pflanzt. https://purpose-economy.org/de/companies/ecosia/. Aufgerufen am 17.09.2021.

Schaltegger und Petersen (2020): Modul 02: Marktorientiertes Nachhaltigkeitsmanagement. Kurseinheit 5: Innovationsmanagement für eine nachhaltige Entwicklung. FernUniversität in Hagen, Hagen & Fraunhofer UMSICHT, Oberhausen.

Statcounter (2021): statcounter. GlobalStats. Search Engine Market Share in Germany – Jan - Dec 2020. https://gs.statcounter.com/search-engine-market-share/all/germany/#monthly-202001-202012-bar. Aufgerufen am 10.09.2021.

Statcounter (2021a): statcounter. GlobalStats. Search Engine Market Share in Europe – Jan - Dec 2020. https://gs.statcounter.com/search-engine-market-share/all/europe#monthly-202001-202012-bar. Aufgerufen am 10.09.2021.

Statcounter (2021b): statcounter. GlobalStats. Search Engine Market Share Worldwide – Jan - Dec 2020. https://gs.statcounter.com/search-engine-market-share#monthly-202001-202012-bar. Aufgerufen am 10.09.2021.

Süthoff (2019): Digitale Transformation im Marketing: Voraussetzungen schaffen mit den „4Rs". Kapitel 6 aus Strategie und Transformation im digitalen Zeitalter. Hrsg.: Dahm,

Autor: Stefan Thode. Verlag: Springer Gabler. Herausgegeben von der FOM Hochschule für Oekonomie & Management. Hamburg.

Trudie (2019): 10 Jahre Ecosia. https://de.blog.ecosia.org/wie-alt-10-jahre/. Aufgerufen am 03.09.2021.

Wikipedia (2021): Liste von Internet-Suchmaschinen. https://de.wikipedia.org/wiki/Liste_von_Internet-Suchmaschinen. Aufgerufen am 10.09.2021.

Witsch (2020): Die Tech-Konzerne entdecken ihr grünes Gewissen. https://www.handelsblatt.com/unternehmen/energie/oekostrom-die-tech-konzerne-entdecken-ihr-gruenes-gewissen/25403686.html. Aufgerufen am 05.09.2021.

YouTube (2021): https://www.youtube.com/user/EcosiaORG. Aufgerufen am 24.10.2021.

4 Anhang

4.1 Anhang 1:

Eigene Auswertung der Einnahmen, finanzierten Bäume und Ausgaben für Bäume anhand der Ecosia Finanzberichte 2015 – 2020 (ecosia 2021):

	2015	2016	2017	2018	2019	2020	2015 - 2020	Durchschnittlicher Jährlicher Zuwachs
Einnahmen in Mio. €	1,4	2,1	8,1	9,0	19,3	21,9	50,3	
Zuwachs		48%	291%	12%	113%	13%	1476%	96%
Finanzierte Bäume in Mio. €	2,2	4,8	41,0	27,1	36,1	33,8	96,9	
Ausgaben für Bäume in Mio. €		0,7	1,0	4,1	4,1	9,3	10,2	23,6

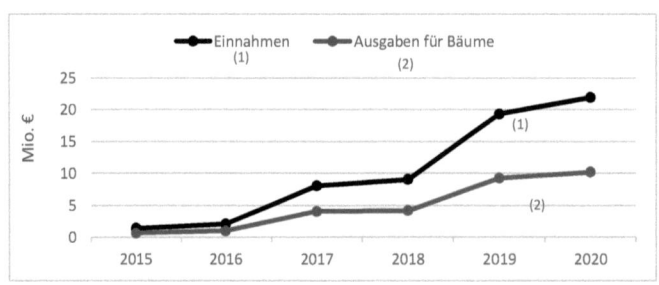

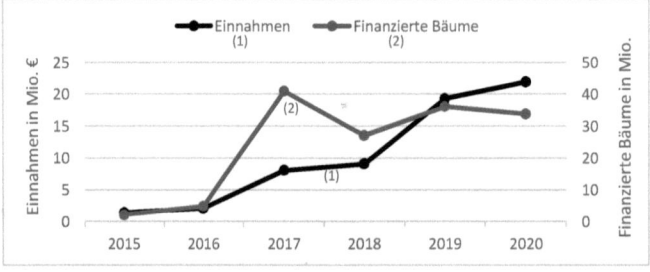